Dans la même collection :

Patrick de Wilde, À hauteur d'hommes
Olivier Föllmi, À hauteur d'enfants
Frank Horvat, À hauteur d'arbres
Hervé Gloaguen, À hauteur de jazz
Jeanloup Sieff, Femmes
Marcel Bovis, À hauteur de Paris

Conception graphique : David Longuein[L775]

Connectez-vous sur :
www.editionsdelamartiniere.fr

À hauteur de bébés

Martha Hartmann

Éditions
de La Martinière

Le bébé emballé

En Occident, les bébés furent longtemps étroitement emmaillotés durant les premiers mois de leur vie, saucissonnés dans leurs langes, grâce à des cordelettes et des rubans entrecroisés ou enroulés en spirale et noués de diverses manières. Puis, à la fin du XIXe siècle, les médecins bannirent cet habillement selon eux archaïque, peu hygiénique et qui entravait la liberté de mouvement du petit enfant... Mais les oukases de la puériculture, ou « l'art d'accommoder les bébés », selon le titre malicieux d'un livre de Geneviève Delaisi de Parseval et Suzanne Lallemand, évoluent et changent au fil du temps. À l'approche du XXIe siècle, on se rendit compte que l'emmaillotement n'était pas aussi néfaste qu'on le pensait, puisqu'il rassurait le nouveau-né en lui rappelant le temps de sa vie *in utero*. L'« empaquètement » du petit d'homme reprit alors du service. Dans les sociétés traditionnelles, en Arménie, en Mongolie, au Tibet, en Afghanistan, en Chine..., les bébés n'avaient jamais cessé d'être chaudement emmaillotés, allaités à la demande, passant leurs nuits contre leurs mères, bercés à longueur de temps, même quand ils ne pleuraient pas – toutes choses qui auraient hérissé les pédiatres.

ci-contre

Arménie, Alaverdi.
Nourrisson emmailloté.

pages suivantes

Thaïlande, province de Nan.
Nouveau-né mlabri.

La naissance, ce prodige...

D'où viennent les bébés ? On a longtemps raconté dans nos contrées que les nouveau-nés naissaient dans les choux, pour les garçons, et dans les roses, pour les filles, ou encore qu'ils étaient apportés par des cigognes. Les croyances du reste du monde diffèrent largement. Alors que les parents occidentaux considèrent leur enfant comme le leur, ceux de nombreuses ethnies le reçoivent comme un hôte de passage qu'il faut bien traiter si l'on veut espérer le garder ici-bas. En Afrique, les enfants, avant leur naissance, sont censés stagner comme des têtards dans un monde aquatique ombreux. Attirés par les rires des femmes et des enfants déjà nés, ils s'approchent en quête d'un ventre accueillant où s'installer. Chez les Mossi du Burkina Faso, le bébé est même appelé « l'étranger ». Devant un nouveau-né d'à peine quelques heures, qui n'a pas la sensation d'observer une créature quasi extraterrestre, une nymphe prête à déployer lentement ses petits membres recroquevillés et ses organes sensoriels tout neufs ? En Afrique, en Inde, au Népal, il sera longuement massé, étiré afin de le défroisser, de le fortifier, de le modeler selon les canons de beauté de sa tribu, des pratiques ancestrales d'ailleurs empruntées de nos jours par les mères occidentales.

ci-contre

France, Drôme.
Enfant portant un nouveau-né.

pages suivantes

Angola, région de Virie.
Femme mucubal et son bébé.

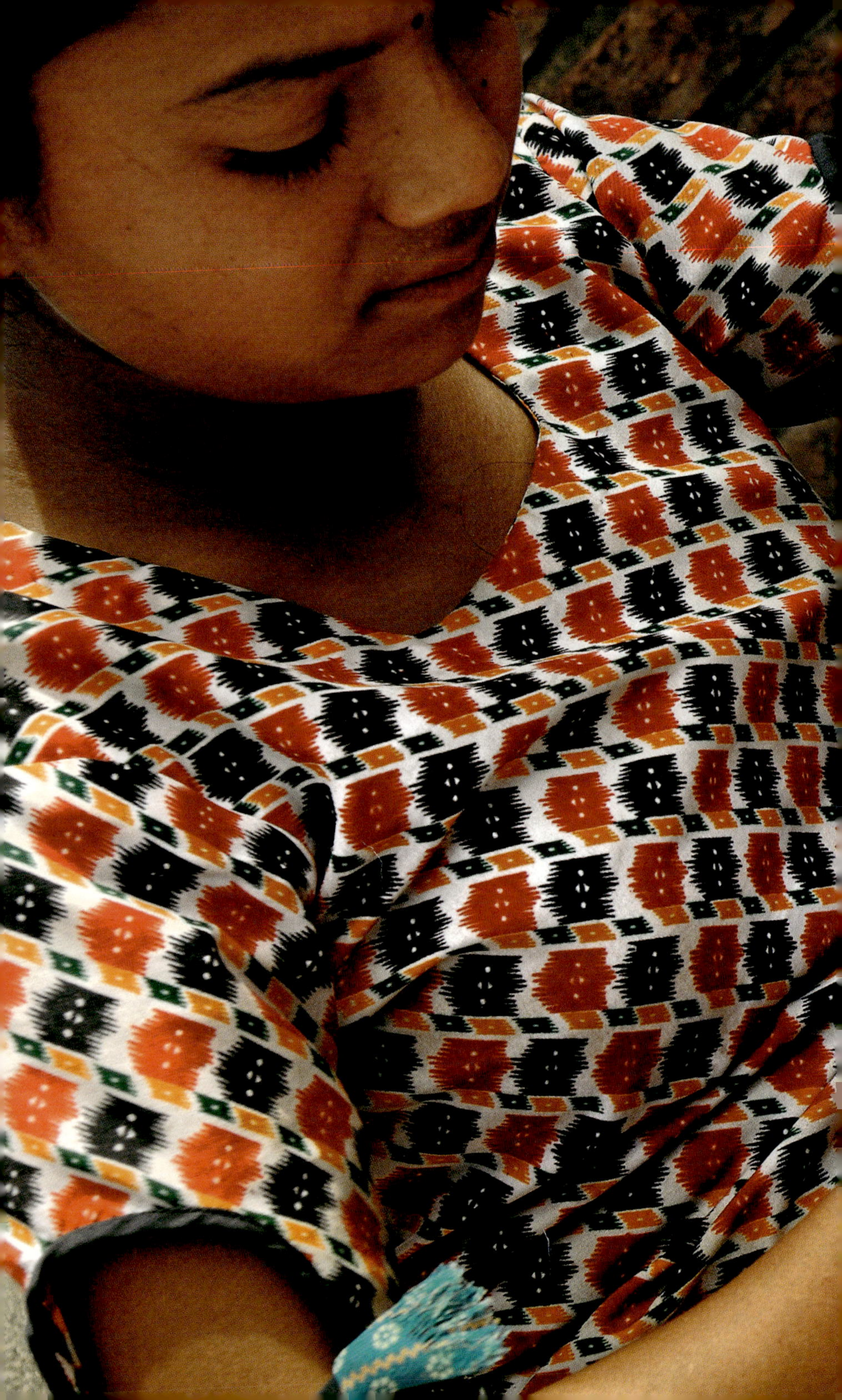

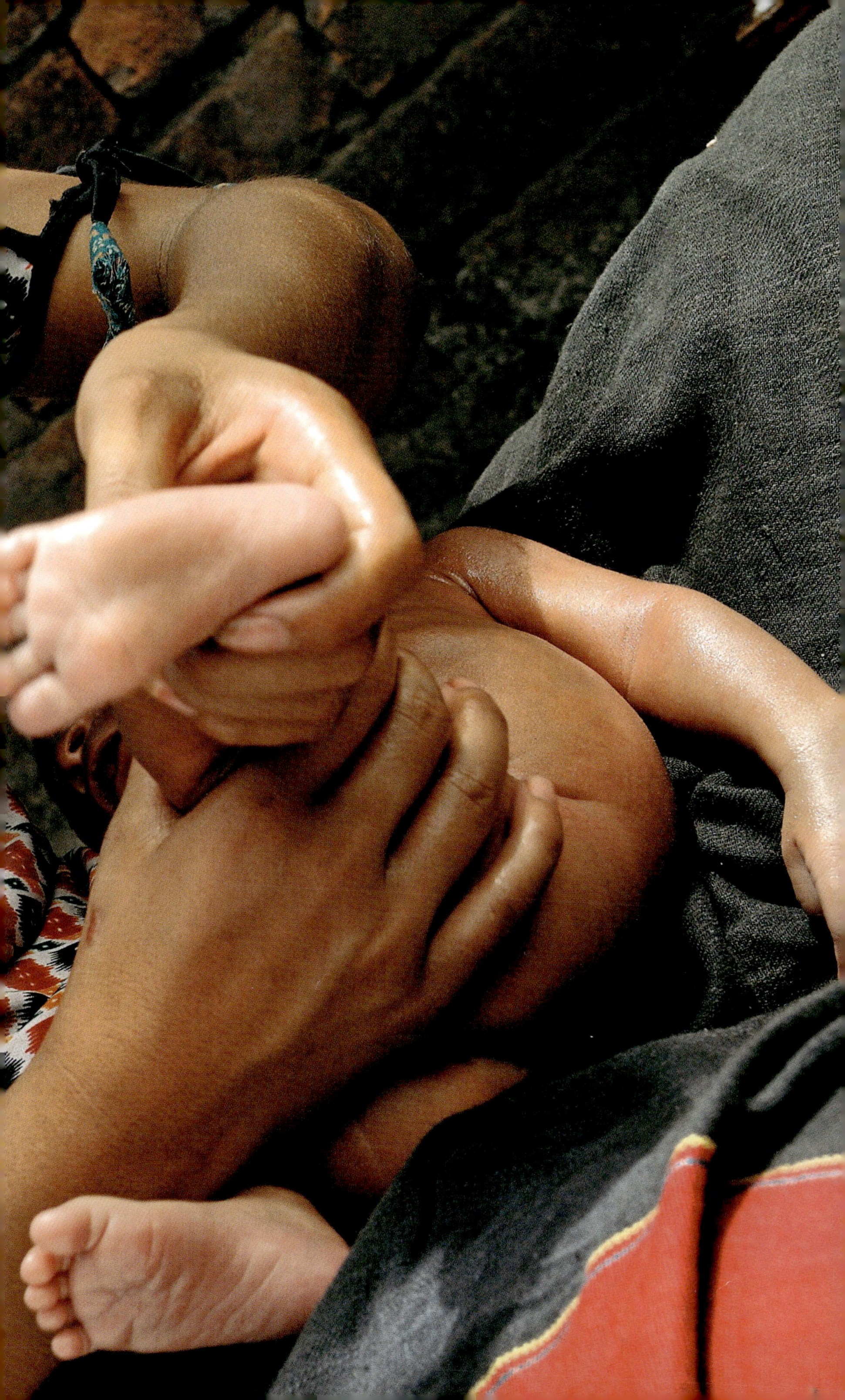

Le bébé, confiserie des esprits

Alors qu'en Occident les parents tendent à s'extasier sur leur progéniture et ne se lassent pas des gentillesses qui leur sont adressées, dans les sociétés traditionnelles, il n'est pas question de gâtifier et de se répandre en compliments sur les nouveau-nés. Cela pourrait attirer le mauvais œil ou les esprits prédateurs qui considèrent les petits d'homme dont ils adorent l'odeur comme leurs proies favorites. Voilà pourquoi d'ailleurs les parents ne les laissent pas pleurer, surtout durant la nuit, de peur d'alerter ces créatures immatérielles en maraude permanente autour des humains. La plus grande discrétion est requise et l'enfant est parfois même dissimulé dans la maison sous des tas de chiffons. Chez de nombreuses ethnies, le nom véritable de l'enfant reste secret. Les familles déploient ainsi des trésors de ruses pour berner les esprits malins. Le bébé est non seulement caché, mais parfois grimé, noirci de suie, habillé en fille, ce qui suscite moins la convoitise des esprits (en Europe autrefois, les garçons étaient eux aussi travestis en filles durant les premières années de leur vie, peut-être pour des raisons identiques). On donne parfois même à l'enfant un surnom dépréciateur. Et au lieu de l'admirer, mieux vaut se moquer de lui. Chez les Haoussa, au Nigeria, l'aïeul plaisante volontiers avec son petit-fils : « Bonjour vilain ! Oh que tu es vilain ! » lui dit-il en riant, tandis que l'enfant rit aussi, sans comprendre.

pages précédentes

Népal, Bhaktapur.
Massage traditionnel d'un nouveau-né.

ci-contre

Bénin. Bébé somba après le bain.

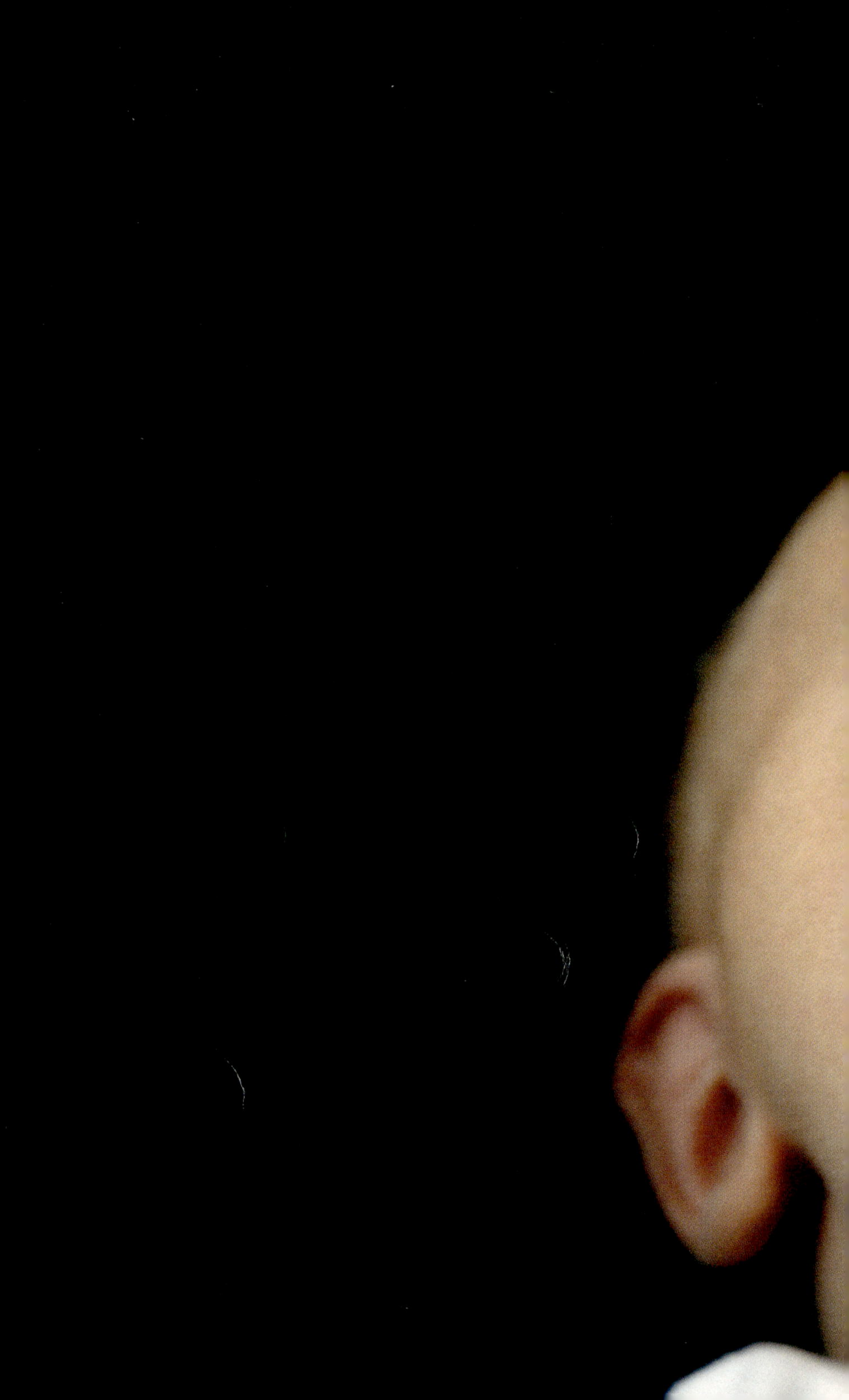

L'enfant dans la peau

Cette femme hamer de la vallée de l'Omo, en Éthiopie, porte un nouveau-né d'une semaine à demi caché sous sa robe en peau de vache décorée de quelques cauris, ces petits coquillages en forme de sexe féminin et symboles de fertilité. Depuis des temps immémoriaux, ils servent de monnaie et attirent richesse et prospérité chez ceux qui les portent. En Afrique, le sein des femmes, vêtues ou pas, est toujours accessible à tout moment aux enfants non sevrés qui peuvent téter selon leurs désirs ou simplement même jouer avec la plastique poitrine maternelle. Lové dans le vêtement en peau de sa mère, l'enfant respire l'odeur musquée et rassurante des bovins qui sont la grande richesse de ces tribus pastorales.

pages précédentes

États-Unis. Petit garçon bâillant tout son soûl.

ci-contre

Éthiopie, vallée de l'Omo. Femme hamer avec son bébé.

Le temps de l'allaitement

En matière d'allaitement, l'histoire de l'Europe a connu des pratiques qui nous paraissent aujourd'hui pour le moins cruelles. Au cours du XIXe siècle et au début du XXe, sous la pression des médecins entichés de puériculture, les préceptes de l'allaitement maternel devinrent fort différents de ceux des sociétés traditionnelles. Il n'était plus acceptable de laisser le petit d'homme tyranniser sa mère et réclamer le sein à toute heure, il fallait le contraindre à manger à heures fixes. On vit aussi, vers la fin du XVIIe et jusqu'au XIXe siècle, un phénomène sans précédent dans l'histoire de l'humanité : la mise en nourrice à la campagne des enfants de l'aristocratie ou des femmes d'artisans en milieu urbain, qui devaient aider leurs maris dans d'étroits ateliers, des lieux de vie souvent exigus ne leur permettant pas d'élever des enfants en bas âge. La littérature est riche de ces récits poignants, petits sans défense, envoyés loin de chez eux, qui souvent périclitaient et mouraient. Dans les familles bourgeoises aisées, au fil du XIXe siècle, on fit alors venir de plantureuses nourrices à domicile pour garder sa progéniture près de soi, dans une « nursery » à la mode anglaise.

ci-contre

France. Mère allaitant son bébé.

La becquée des bébés

Assez rapidement, les mères des sociétés traditionnelles introduisent d'autres aliments que le lait maternel pour nourrir leurs bébés. Bouillie de mil, de sorgho, de manioc, puis des petits morceaux de viande ou des larves riches en protéines... Comme elles ne disposent pas de robot mixer, elles mastiquent longuement les bouchées avant de les donner à leurs enfants, leur salive aidant à la digestion. Ces becquées telles que les oiseaux les pratiquent se retrouvent partout dans le monde, des Inuits aux Papous. Les populations déplacées comme les Karen de Birmanie, chassés de leurs terres par les autorités de Rangoon lors de la construction d'un barrage hydroélectrique sur le fleuve Salouen, ont longtemps erré dans la forêt. Ils devaient trouver leur subsistance dans la nature et préparer leur repas avec des racines, des fruits et du riz. Cette mère karen, faisant passer son enfant sur sa hanche, le nourrit sans même l'extraire de son porte-bébé.

ci-contre

Myanmar (Birmanie),
fleuve Salouen.
Mère nourrissant son enfant.

ci-dessus

Cameroun, années 1950.
L'heure de la sieste.

ci-dessus

Cameroun, années 1950.
Mère portant son enfant.

Un bébé au fond du sac

Avec les fibres aériennes d'une espèce de palmier, les femmes de Nouvelle-Guinée fabriquent des filets qui leur servent à tout : transporter des tubercules, des fruits, un petit cochon, leurs outils ou leur bébé. Pour un nouveau-né, elles tapissent le fond de feuillage et s'il pleut ou que le soleil darde, le sac est recouvert d'une feuille de bananier ou d'une cape d'écorce. Même lorsque leur bébé atteint un poids respectable, elles continuent de le porter ainsi, comme dans une sorte d'utérus végétal, passant l'anse de sac sur leur front. Et contrairement à certaines femmes occidentales qui soulèvent pourtant plus rarement de lourdes charges, les femmes papoues ne souffrent pas de ce qui fait souvent la une des journaux des pays industrialisés : le mal de dos.

ci-contre

Indonésie, Papouasie occidentale. Femme korowai portant son enfant dans un filet.

Gris-gris des Bassari

Le porte-bébé des Bassari du Sénégal est un chef-d'œuvre d'artisanat. Celui-ci est même orné de petites fioles d'huiles de massages. Il existe presque autant de modèles, de matériaux et de techniques que d'ethnies : pagnes africains, filets papous, capuchons profonds des mères inuits, lanières de fibres d'écorce des Pygmées ou des tribus d'Amazonie, chaudes couvertures harnachées par un lien sur les hauts plateaux andins… Certains porte-bébés apparaissent simples et peu décorés, d'autres le sont autant qu'un arbre de Noël croulant sous les breloques de toutes sortes : cauris, pièces de métal au pouvoir protecteur, coquilles d'escargot, plaquettes d'os, capsules de sodas, franges de perles, tout cet attirail rituel enveloppe le bébé d'un cocon sonore aussi doux que le bruit d'un bâton de pluie, dès que la mère déambule et, à plus forte raison, lorsqu'elle danse. Ce bruissement endort l'enfant tout en le protégeant des mauvais esprits qui rôdent, un peu à la manière d'un rideau de perles qui empêche les mouches de pénétrer dans la maison.

ci-contre

Sénégal, près de la frontière guinéenne. Femme bassari et son bébé.

pages suivantes

Côte d'Ivoire, années 1950. Jeune femme portant son petit garçon.

Cordelettes et amulettes

Même dans les pays chauds, les bébés ne sont jamais complètement nus. Ils portent au minimum des cordelettes nouées dès leur naissance aux poignets, autour du cou, des hanches, des chevilles, parfois sous les genoux. Ces liens discrets se retrouvent d'ailleurs en de nombreux endroits du monde. Ils fonctionnent comme les cordons d'une bourse et sont censés retenir l'âme de l'enfant à l'intérieur de son petit corps. Les cordelettes, les chaînettes, les bijoux sont une manière de menotter l'enfant, de l'attacher à sa vie terrestre. Ceux qui naissent après que leur mère a perdu plusieurs enfants sont surchargés de parures, de colliers et de bracelets, comme on leste de poids une montgolfière pour la maintenir au sol. L'enfant peut être nu mais jamais sans talismans, qui fonctionnent telles de petites machineries secrètes. Elles contiennent divers ingrédients : perles, morceaux de plumes d'aigle, coquillages, poils, dents ou griffes d'animal sauvage, boules d'ambre, pièces de métal, gouttes de sang, sachets de poudres, plantes, écorces d'arbres robustes, qui transmettront leurs pouvoirs à l'enfant, lui assureront santé, fertilité, longévité, habileté à la chasse… Les amulettes et leur cliquetis sont aussi, plus prosaïquement, un moyen pour les mères au travail de repérer l'enfant qui s'éloigne, comme les clochettes accrochées au cou de chevreaux facétieux.

ci-contre

Éthiopie, vallée de l'Omo.
Femme suri et enfant
à la fenêtre d'une case.

pages suivantes

Éthiopie, vallée de l'Omo.
Femme et enfant de la tribu
Hamer.

La maison-mère

Ce bébé boudeur et pensif est installé entre les jambes maternelles, au marché d'Abidjan, comme un roi sur son trône. En l'absence de tout matériel et mobilier de puériculture, le corps de la mère est d'une grande polyvalence. Ses jambes croisées en tailleur servent de berceau pour le nourrisson lorsqu'elle est occupée à tisser ou à tresser des fibres. Sur ses tibias relevés, elle cale le dos de son enfant lorsqu'elle le lave. Le bébé assis sur les chevilles écartées de sa mère est incité à faire ses besoins, comme sur un pot. Installé sur son dos lorsqu'elle pile ou écrase les grains, il profite du mouvement qui l'amuse bien davantage qu'un petit cheval à bascule.

pages précédentes

Namibie, Kaokoland.
Femme himba et son bébé.

ci-contre

Côte d'Ivoire, Abidjan,
années 1950. Mère et
son enfant sur un marché.

Bébés « pomponnés »

Les bébés yao de Thaïlande portent de spectaculaires bonnets équipés de gros pompons rouges destinés à porter chance à l'enfant. L'un est un symbole de bonheur parfait, l'autre de richesse, un troisième de longévité. Comme jadis en Europe, le rouge est ici une couleur à fort pouvoir protecteur, couleur du sang et de la vie. Ces gros pompons balises, qui permettent de ne pas perdre le bébé de vue lorsqu'il commence à explorer les alentours, leur servent aussi de pare-chocs en cas de chute.

ci-contre

Laos, village de Ban Xay Leck.
Bébé yao.

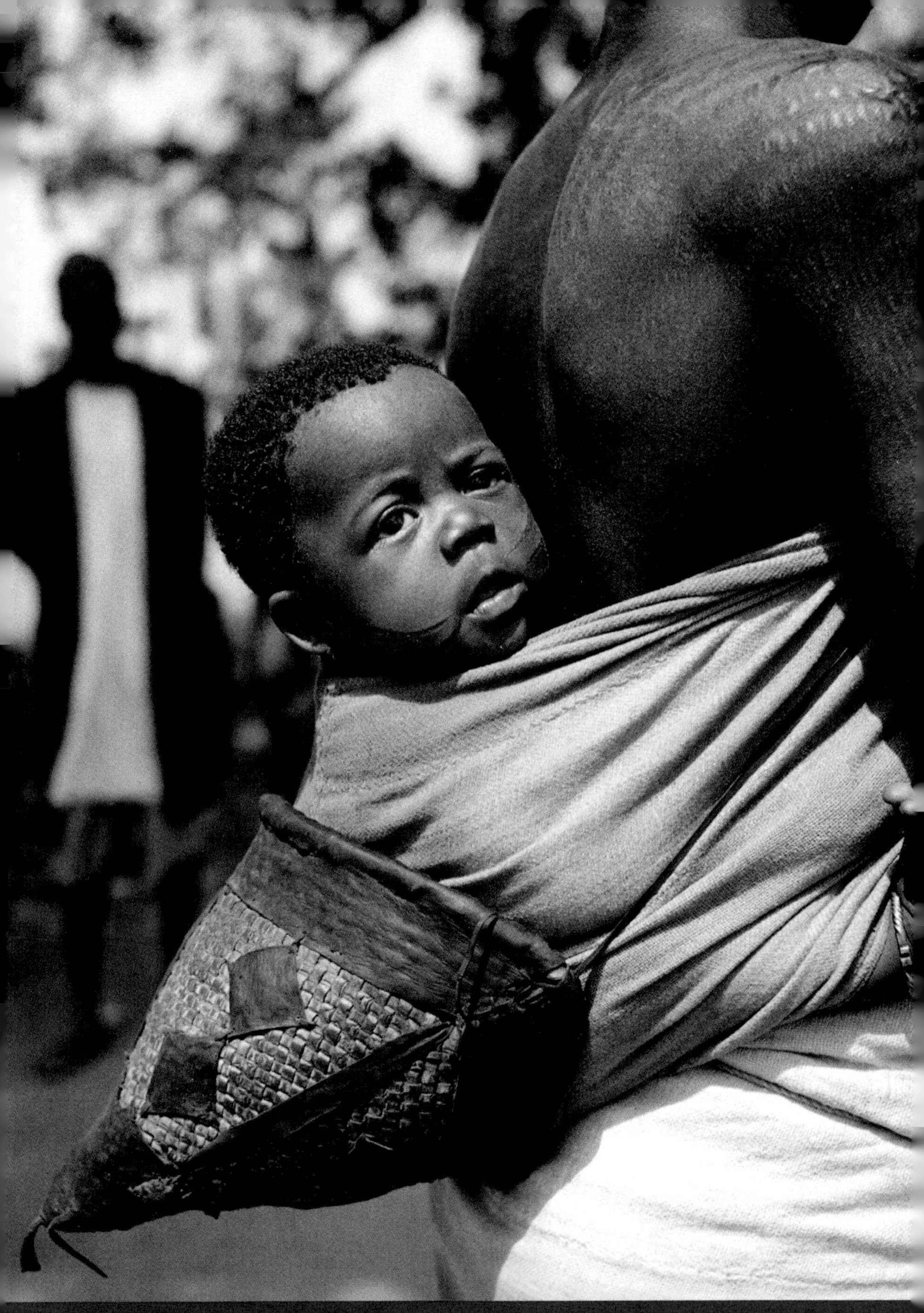

ci-dessus

Côte d'Ivoire, années 1950.
Mère portant sa fille dans son dos sur un marché.

pages suivantes

Somalie, vers Zeila.
Mère et son enfant suivant leur mule harnachée.

Liés l'un à l'autre

Aux quatre coins du monde les enfants sont transportés sur le dos de leur mère, infatigable portefaix, simplement retenus par des pagnes, de grands foulards colorés, des pièces de tissus astucieusement disposées, surmontés ou pas de liens entrecroisés, bien étarqués, qui maintiennent le bébé contre le corps de sa mère et lui rappellent sa vie intra-utérine. Parfois aussi, les enfants sont glissés dans de petits paniers d'osiers portés dans le dos ou sur le ventre, dans des sortes de chaussons d'écorce ou des hamacs portatifs. Les porte-bébés peuvent également être taillés dans des peaux animales diverses, chèvre ou mouton, parfois passées au safran ou au curcuma afin de les teindre et de les parfumer. Ces odeurs sont en outre censées avoir une action bénéfique sur les voies respiratoires du nourrisson, tout en désodorisant fort opportunément le cuir parfois mouillé d'urine.

ci-contre

Maroc. Jeune Berbère de l'Atlas avec son bébé.

Le bébé harnaché

Dans les Andes où les températures peuvent être extrêmes, l'enfant est enfoui sous plusieurs épaisseurs de couvertures multicolores, rayées ou écossaises, la tête protégée comme celle de sa mère. Elle l'emporte partout où elle va – au marché, en visite, aux champs – comme un petit organisme parasite dont elle s'accommode fort bien et qui fait d'elle une bossue. Tels les filets papous, ces sacs ou ces pièces d'étoffes habilement nouées servent à tout transporter, les bébés, les courses, les légumes du potager, ou un petit animal…

ci-contre

Équateur, Zumbahua.
Mère quechua portant son bébé sur son dos.

pages suivantes

Russie, Sibérie occidentale, péninsule de Yamal.
Femme et bébé khanty.

Poussette 100 % végétale

Ce bébé chinois en layette jonquille se tient sagement assis dans sa poussette entièrement fabriquée en bambou, un matériau léger et biodégradable. Elle semble d'ailleurs suffisamment bien conçue pour empêcher toute chute de l'enfant. Les poussettes, en réalité, sont rarement présentes dans les sociétés traditionnelles pour la bonne raison qu'il faut pouvoir disposer de trottoirs ou d'un sol suffisamment aplani pour les faire rouler. Aussi, lorsque les enfants ne sont pas arrimés au corps de leur mère, ils sont en général juchés ou solidement attachés sur des animaux domestiques : ânes, mules, chevaux, rennes, chameaux, yacks… tout-terrain.

ci-contre

Chine, province de Sichuan, village de Dazu. Bébé dans une poussette artisanale.

Placenta brodé

Les femmes-fleurs hmong portent des vêtements multicolores et leurs porte-bébés le sont tout autant. Elles commencent d'ailleurs à y travailler longtemps avant la naissance de l'enfant. À partir du troisième mois de grossesse, on considère la mère comme véritablement enceinte d'un enfant, et non plus seulement visitée par un esprit. Une pièce d'étoffe commence alors à circuler dans le village, de maison en maison, durant les six mois restants et chaque femme y brode un motif. Le porte-bébé doit être achevé pour la naissance. Après l'arrivée de l'enfant, le placenta est enterré et l'on plante un arbre au même endroit. Puis le nourrisson est glissé dans le porte-bébé, qui prend alors le relais, à la manière d'un succédané de placenta.

ci-contre

Vietnam, marché de Bac Ha. Femme-fleur hmong en costume traditionnel portant son enfant dans son dos.

Impressions et protections

Les talismans et breloques diverses dont on charge le bébé ne sont pas les seuls à opérer. Le tissage même du porte-bébé, les impressions géométriques ou figuratives, les broderies font également partie du dispositif défensif. Dessins labyrinthiques pour égarer les mauvais esprits, papillons stylisés représentant la mère, fleurs protectrices, figures féminines, main dans la main, représentant les femmes du village chargées de protéger l'enfant. Les motifs peuvent aussi évoquer l'harmonie, le bonheur ou tout ce qui fait le monde de l'enfant, les cultures en terrasses, le soleil qui rayonne sur la montagne… Le bébé est considéré comme une créature fragile, car son âme n'est pas encore solidement attachée à son enveloppe corporelle. Aussi les amulettes et les motifs textiles constituent-ils des leurres pour contrer les forces du mal. L'autre solution, préventive et pratique, consiste à ne jamais laisser l'enfant seul sans surveillance… Aussi efficaces que les grappes d'amulettes, frères et sœurs portent au dos ou dans les bras de gros bébés sans jamais regimber.

ci-contre

Chine. Deux enfants de l'ethnie des Miao à longues cornes.

pages suivantes

Cameroun. Enfant portant un bébé dans son dos.

Bébés pommadés

Ce bébé himba rêveur rougeoie comme une braise dans le soir qui tombe. Ce n'est pourtant pas sa couleur naturelle. Les femmes de cette tribu de Namibie enduisent leurs corps, leurs cheveux et ceux de leurs enfants d'une pâte rouge cuivrée obtenue à partir d'une pierre, l'hématite, qu'elles vont chercher parfois loin de leurs campements, avant de la broyer finement et de la mélanger avec de la graisse animale. Cette crème de beauté les protège de l'ardeur du soleil, du froid de la nuit, de la sécheresse de l'air et des insectes, elle les embellit et participe à leur bonne santé, puisque cette couleur chaude est partout signe de vigueur et d'énergie. D'ailleurs, inconsciemment, n'est-ce pas ce que nous recherchons aussi, gagnés par la fatigue au plein cœur de l'hiver, lorsque nous enfilons un pull-over ou tout autre vêtement écarlate ?

ci-contre

Namibie, région d'Okapale.
Enfant himba.

pages suivantes

Angola, région de Virie.
Fille mucubal portant son jeune frère sur son dos.

Tout petits baby-sitters

Dans les sociétés traditionnelles, les enfants, à peine atteint l'âge de cinq ou six ans, sont chargés de veiller sur leurs jeunes frères et sœurs. Ils jouent avec eux, les transportent sur leur dos ou leurs hanches, font parfois leur toilette, éloignent les dangers qui pourraient survenir. Cette tâche leur est confiée non seulement parce qu'elle laisse la mère libre d'effectuer certains travaux ou de profiter d'un moment de tranquillité, mais aussi parce que ce baby-sitting est considéré comme naturel. Le poids de ces responsabilités n'est sans doute pas aussi écrasant que l'on peut l'imaginer, car la surveillance des petits est souvent collective dans un village. Dès leur plus jeune âge, les enfants apprennent ainsi à s'occuper des bébés. À l'âge adulte, ils seront des parents aguerris.

ci-contre

Rwanda, village de Cyamudongo. Deux enfants de la tribu Batwa.

pages suivantes

Bénin, Zinvié. Mère lavant son bébé.

Bébés rayés

Dans les régions où la chaleur et l'humidité rendent la nudité préférable au port d'un quelconque vêtement, le bébé, comme l'adulte, est souvent « vêtu » de maquillages corporels élaborés et chargé d'amulettes, baigné, massé, enfumé, enduit de toutes sortes d'huiles, de poudres aux propriétés à la fois magiques et antiseptiques ou hydratantes. Chez les Kayapo du Brésil, les nouveau-nés sont appelés « les petites personnes », bien avant que nos pédiatres ne pensent à leur accorder ce titre. Quelques jours après la naissance, le père perce les oreilles de son nourrisson, un ornement de bois rouge oblong y est inséré. La mère ou la grand-mère trace sur le corps du bébé des motifs linéaires grâce au genipa, fruit dont on extrait un liquide qui teint la peau en noir mais s'efface au bout d'une quinzaine de jours. On l'applique avec les doigts ou la tige flexible d'une branche de palmier, le plus souvent lorsque l'enfant dort ou somnole sur une natte, pour le peindre en toute tranquillité. Les peintures corporelles intègrent le jeune enfant à la communauté et le protègent des esprits malfaisants, mais elles sont parfois aussi un message. Les dessins tracés sur son bébé peuvent exprimer la colère d'une femme contre son mari qui n'est pas allé à la chasse.

ci-contre

Brésil, Pará. Femme kayapo lavant son bébé dans la rivière.

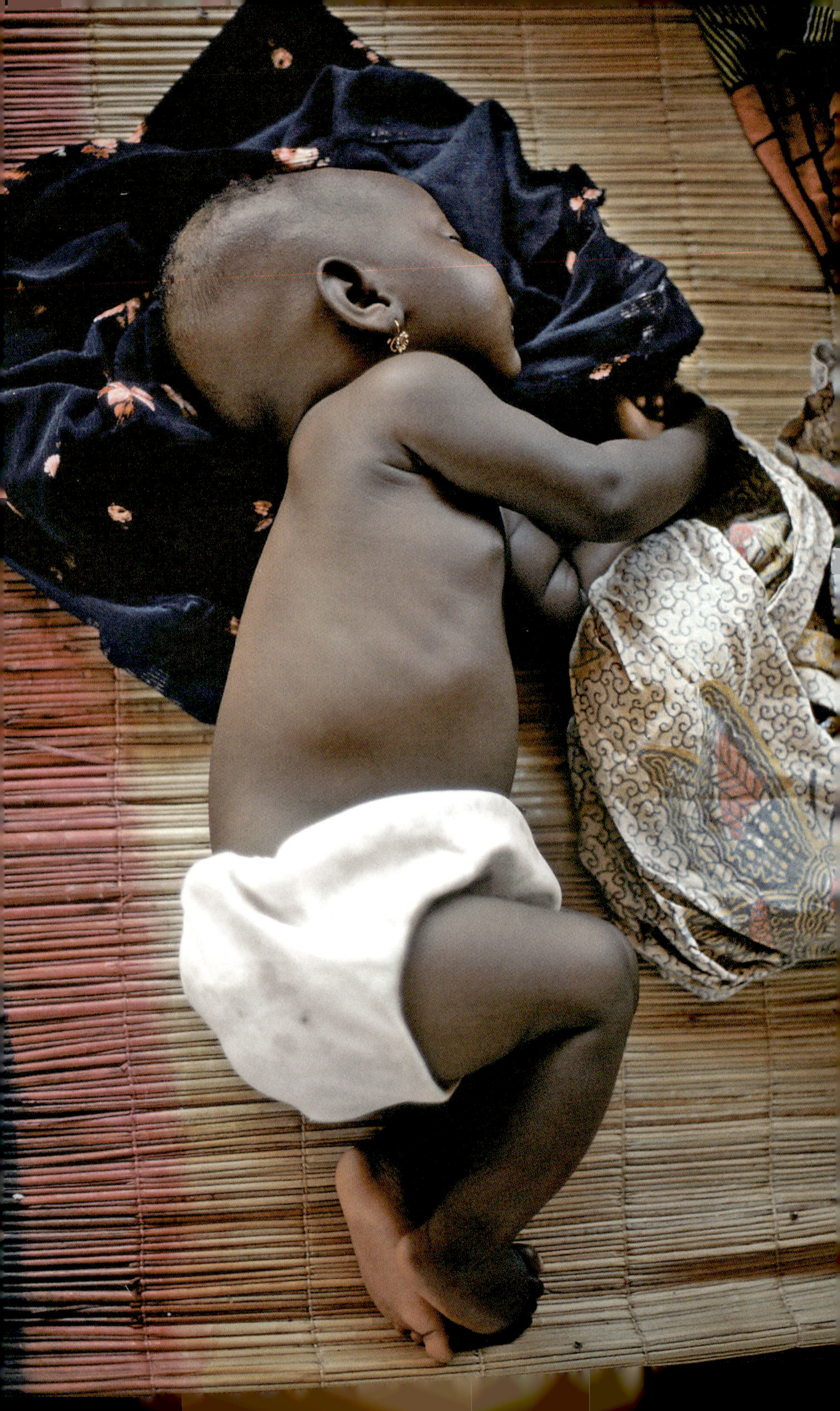

Les mystères de l'endormissement

Il ne viendrait pas à l'idée d'une mère africaine de se séparer de son bébé pour la nuit. Laisser un nourrisson seul, dans une pièce isolée et silencieuse, ou, pire, le laisser pleurer un peu pour lui apprendre sans tarder à ne pas tyranniser ses parents, lui semblerait d'une cruauté inouïe et, pour tout dire, contre-nature. À l'inverse, elle n'hésitera pas à l'étriller durant la toilette, lui frotter vigoureusement la figure et lui mettre du savon plein les yeux, là où les parents occidentaux, eux, prennent d'infinies précautions pour qu'un tel « traumatisme » n'arrive pas. Les manières de laver, d'endormir, de bercer un nourrisson, ce que l'on exige de lui, sont ainsi variables selon les sociétés. Les mères de nos contrées sont persuadées qu'un peu de pénombre, de silence ou de calme permet à l'enfant de trouver le sommeil, elles le bercent et chantent des berceuses avec une grande douceur. Ailleurs, le bruit, les chants, les bercements énergiques ne semblent pas un obstacle à l'endormissement, bien au contraire… D'ailleurs, quel parent occidental, excédé par les pleurs de son bébé inconsolable dans l'isolement de sa chambre, n'a pas été surpris de le voir s'endormir aussitôt dans le salon, au beau milieu d'invités bruyants ?

ci-contre

Bénin. Bébé endormi sur une natte.

pages suivantes

Thaïlande. Bébé dans un hamac.

Bercements perpétuels

De tout temps en Europe, les mères ont bercé leurs bébés avec un inlassable dévouement. Puis, au cours du XIXe siècle, les médecins dénoncèrent cette pratique pernicieuse selon eux, voire même dangereuse, puisqu'elle risquait d'ébranler le cerveau de l'enfant, de le rendre vicieux. « Le meilleur berceau est celui qui ne berce pas », décréta le professeur Adolphe Pinard, pourtant grand obstétricien et inventeur en France de la puériculture. Un tel diktat laisserait perplexes les mères des sociétés traditionnelles qui bercent en permanence leurs enfants, parfois même lorsqu'ils ne pleurent pas. Certaines enluminures médiévales montrent des femmes qui filent la laine et bercent simultanément leur enfant, grâce à une cordelette attachée au berceau, tout comme cette grand-mère nenets, une tribu de Sibérie, dont la main tient une courroie de cuir destinée au même usage. Suspendu à la charpente de la tente, le berceau, telle une petite embarcation, voguera dans la nuit jusqu'au matin. Les bébés des ethnies sibériennes sont emmitouflés dans des peaux de caribou, de renne, de lièvre pour le lange ou la couche. Les bébés tchouktches portent même des bonnets sur lesquels les mères cousent de vraies oreilles de jeunes rennes. Ainsi les mauvais esprits, qui ont la vue basse, les confondent avec le troupeau et les laissent tranquilles.

ci-contre

Russie, Sibérie occidentale, péninsule de Yamal. Grand-mère nenets berçant son petit-enfant.

pages précédentes

Inde, Tripura. Bébé au centre de l'attention dans son berceau suspendu.

pages suivantes

Russie, Sibérie occidentale, péninsule de Yamal. Petite fille nenets portant un chapeau de fourrure traditionnel.

Bébé tabou

En Chine, l'enfant unique est particulièrement choyé par ses parents qui lui sont pleinement dévoués. Partout en Asie, les pères s'occupent d'ailleurs volontiers de leur bébé, les portent et les câlinent. Mais le fait qu'en d'autres lieux, sur d'autres continents, le géniteur ne prenne pas l'enfant dans ses bras, ne lui donne pas son bain, évite même de le regarder, ne signifie pas qu'il s'en désintéresse, bien au contraire. Souvent, le bébé doit être confiné dans les jours ou les semaines qui suivent sa naissance, pour le soustraire aux esprits de la surnature. Son père ne le touche pas car son énergie vitale, trop puissante pour le fragile nourrisson, risquerait d'en faire la victime d'une « overdose paternelle ». Il doit aussi l'éviter car le bébé est encore contaminé, souillé par le sang tabou de la naissance.

pages précédentes

Laos, village de Phonsaad.
Mère et enfant brou.

ci-contre

Chine, bébé pékinois.

pages suivantes

Brésil, père et enfant xingu.

ci-dessus

Inde, Udaipur. Première Holi (fête des couleurs) pour un bébé.

Papas poules

La seconde moitié du XXe siècle a vu en Occident l'avènement des « nouveaux pères », désireux de changer les couches de leurs bébés, de leur donner le bain, le biberon, les habiller, les promener dans des porte-bébés d'ailleurs inspirés de ceux des tribus lointaines, et parfois même prêts à prendre des congés parentaux… Mais les pères des sociétés traditionnelles, contrairement à ce que l'on pourrait penser, ne sont pas en reste. Les pères pygmées, par exemple, battent tous les autres à plates coutures en matière de soins aux tout-petits. Lorsqu'ils ne chassent pas, ils passent une bonne partie de leur temps à s'occuper de leurs bébés, les nettoient, les essuient avec des feuilles lorsqu'ils ont fait leurs besoins, les gardent dans leurs bras, leur chantent en yodlant des berceuses d'une étonnante complexité musicale, et pour les calmer, en l'absence de leur mère, il leur arrive même de donner le sein…

ci-contre

France, Drôme. Père et son bébé après le biberon.

pages suivantes

Vanuatu, île de Tanna. Un père et son enfant.

Kenya, village de Lamu. Tête à tête d'un père et son bébé pendant Maulidi (commémoration musulmane de la naissance du Prophète).

Le coût des larmes

En Occident, on a cru un temps aux vertus physiologiques des pleurs de l'enfant, censés lui fortifier les poumons. Cela peut paraître aujourd'hui absurde et cruel, mais il faut se rappeler les terribles méfaits de la tuberculose jusqu'au début du XXe siècle. Dans les tribus, en revanche, pas question de laisser pleurer un petit enfant. D'abord parce que cela serait dangereux, ses cris pouvant alerter et attirer les démons qui considèrent les petits d'homme comme de délectables friandises. Mais aussi car le bébé est considéré comme un hôte de passage, et qu'il pourrait bien ne pas rester s'il se sentait maltraité par sa famille. Voilà pourquoi, au moindre pleur, il est aussitôt pris dans les bras et consolé avec une patience infinie.

ci-contre

Côte d'Ivoire, années 1950.
Père et son enfant.

Quand les pères « couvent »

Dans de nombreuses tribus d'Amazonie, le père ne doit pas prendre trop tôt dans ses bras son nouveau-né. Parfois même, il respecte un rituel étonnant : la couvade. Il doit rester couché dans son hamac, respecter un jeûne complet durant quelques jours après la naissance de son enfant. Chez les Wayapi de Guyane, ce rituel permet au père de concentrer toute son énergie pour la transmettre au corps de son enfant. Une communion permanente avec l'esprit de son bébé est essentielle, car l'âme du petit est encore indocile. Aussi doit-il s'en préoccuper lorsqu'il reprend ses activités car elle est censée l'accompagner partout. Pour traverser un cours d'eau, par exemple, le père doit prendre soin de laisser flotter une écorce sur l'eau pour aider la petite âme à passer sur l'autre rive. Des formes de couvades existaient aussi autrefois en Occident, le père grossissait, se plaignait de maux de ventre et restait alité pendant la grossesse de son épouse. Aujourd'hui, ce phénomène est considéré comme d'origine psychosomatique, traduisant une inquiétude pour le futur bébé. Des chercheurs se sont d'ailleurs aperçus récemment que des hommes vivant en compagnie de leur femme enceinte connaissaient de réelles modifications de leur métabolisme, avec des baisses de leur testostérone…

ci-contre

Équateur, parc national Yasuni. Indien huaorani et son enfant.

pages suivantes

Papouasie-Nouvelle-Guinée, Sepik, fleuve Karawari. Une mère et un père de la tribu Kundiman portant leurs enfants endormis.

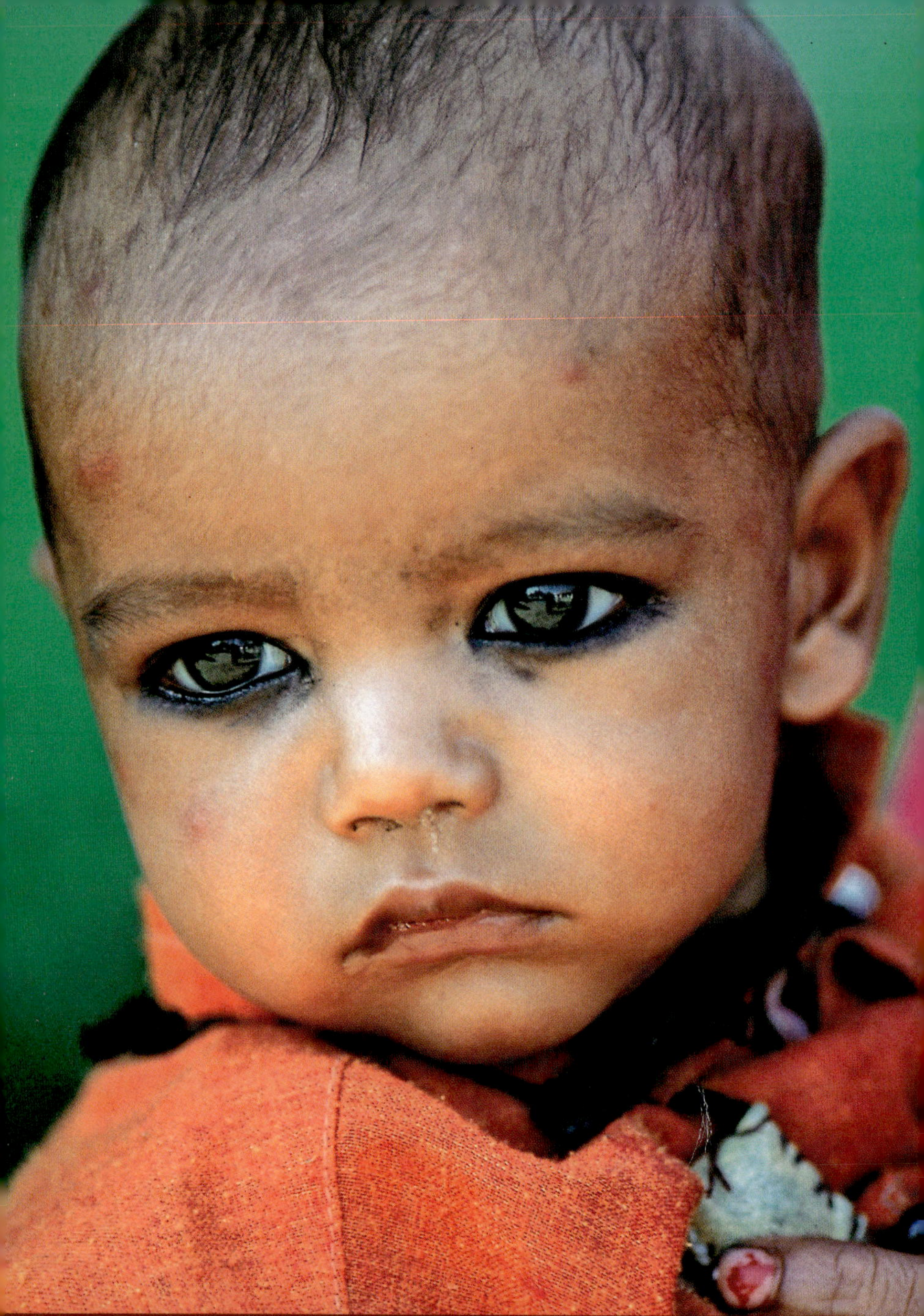

ci-dessus

Inde, Rajasthan.
Mère et son enfant.

Des bonnets balises

Comme autrefois en Europe, où l'on dormait même coiffé d'un bonnet, les Dao circulent rarement tête nue. Les bébés encore moins. La tête, lieu de l'intelligence, de l'apprentissage et de la mémoire, doit être protégée, en pays chaud tout comme en pays froid. Les coiffes des bébés dao sont décorées de pompons rouges, de pièces de métal, en manière de petits boucliers protecteurs, de cauris qui apportent prospérité et fertilité. En Himalaya, ces petits coquillages sont censés servir de refuges microscopiques à l'âme de l'enfant, quand celle-ci est pourchassée par les démons.

ci-contre

Vietnam, Sapa. Bébé dzao avec un chapeau traditionnel.

pages suivantes

Mali, Bandiagara. Femme dogon et son enfant.

Éternel bonnet

En Afrique, où les températures peuvent être élevées, le bébé circule nu mais parfois coiffé, comme cet enfant mucawana. Sa mère a même ajouté une cordelette sur son bonnet de laine pour le maintenir sur sa tête. Sans doute ces couvre-chefs sont-ils censés colmater la fontanelle des bébés, de crainte que leur âme ne profite de ce petit trou pour s'échapper, avant la soudure complète des os du crâne.

pages précédentes

Angola, village de Soba. Femme mucawana avec son bébé.

ci-contre

Angola, village de Oncocua. Femme mucawana et son bébé.

Élégances des tribus

Cette femme karo a juché son bébé sur ses épaules. L'une et l'autre portent des bijoux, mais le plus remarquable chez les ethnies de la vallée de l'Omo, en Éthiopie, ce sont les peintures corporelles et les décorations végétales d'une inventivité inouïe dont ils ornent leurs corps. Cette région volcanique met à leur disposition une infinie palette de pigments, ocre rouge, kaolin blanc, gris cendre, ainsi qu'une riche variété d'espèces botaniques. Avec un génie artistique à rendre jaloux un Miró ou un Picasso, ils se servent de leurs doigts, de leurs ongles, d'un roseau, d'une tige écrasée, pour dessiner sur leur corps, leur visage, ceux de leurs enfants ou de leurs voisins, improvisant des dessins d'un geste rapide, imprimant en trouvailles éphémères des motifs sans cesse renouvelés, ceignant leur tête de plumes, de végétaux – diadèmes de fleurs, casquettes calebasses, plumeaux de roseaux, pompons de fourrure, écharpes de lierre. Puis, anéantissant sans remords ces œuvres uniques, ils plongent dans l'eau du fleuve…

ci-contre

Éthiopie, village de Korcho.
Mère et enfant de la tribu Karo.

pages suivantes

Éthiopie, vallée de l'Omo.
Enfants de la tribu Surma.

La victoire des premiers pas
Ce bébé malgache est tout à la joie de ses premiers pas, aidé par un déambulateur sans doute fabriqué par son père ou son oncle. Il trotte, ivre de liberté, vêtu d'une petite culotte et coiffé d'un joli bonnet rembourré qui fait penser aux bourrelets de tête qui ceignaient le front des jeunes enfants sous l'Ancien Régime en Europe et dont on peut voir quelques exemples dans les peintures de Rubens ou de Boucher.

pages précédentes

Éthiopie, vallée de l'Omo.
Deux enfants de la tribu Surma.

ci-contre

Madagascar, village de Daraina.
Petit enfant jouant avec une trottinette artisanale.

La liberté de l'expérience

Doigts écartés, ce qui paraît engendrer chez lui la question de son rapport au monde, ce bébé semble découvrir la texture du sable humide. L'expérience est d'importance. Ses parents le laisseront-ils poursuivre s'il lui prenait l'envie de porter ses mains à la bouche ?... Les expériences permises au bébé par ses parents se révèlent fondamentales. Sommes-nous capables de fermer les yeux sur les salissures et le manque d'hygiène ? Sommes-nous, selon le titre d'un chapitre du livre* du grand pédiatre Winnicott, des parents « normalement dévoués à leur bébé » et pas exagérément dévoués ? Ce voyage dans d'autres sociétés est l'occasion de réexaminer nos propres pratiques, tout en découvrant l'inventivité de ceux qui ont choisi d'autres manières de faire grandir le petit d'homme.

* *L'Enfant et sa famille*, Donald W. Winnicott, Payot, 1971.

ci-contre

France, Provence. Petite fille sur une plage de galets.

pages suivantes

Namibie, côte des Squelettes (partie nord de la côte namibienne). Enfants himba curieux.

Hoa-Qui / T. Allen / Axiom : 76-77 ; W. Buss : 4 ; A. Eaves / Imagestate : 16-17 ; M. Huet : 24, 25, 32-33, 40, 44, 45, 94 ; M. Renaudeau : 14, 29 ; J-M. Ruiz / C. Tréal : 48 ; C. Sappa : 68-69 ; W. Wisniewski / Imagestate : 38 39.
Gamma / P. Aventurier : 6-7, 22, 58 ; B. de Hogues : 57 ; X. Rossi : 104-105.
Rapho / J.-M. Charles : 54 ; F. Chaverou : 72 ; V. Durruty : 88-89, 100-101 ; S. Fournier : 21 ; M. Friedel : 86-87 ; P. Koch : 74-75 ; É. Lafforgue : 10-11, 18, 30, 43, 46-47, 62, 64-65, 66, 82-83, 84, 92, 93, 102, 106-107, 108 ; H. Silvester : 35, 36-37, 110, 111, 112-113 ; S. Tétu : 8, 90, 117.
Explorer / J.-M. Coureau : 12-13 ; G. Philippart de Foy : 60-61.
Nature Picture Library / B. et C. Alexander : 52-53, 79, 80-81 ; É. Baccega : 27 ; M. Dohrn : 71 ; P. Oxford : 97, 98, 99, 114, 118-119 ; S. Widstrand : 51.

Photogravure : APS Chromostyle
Achevé d'imprimer avril 2012
sur les presses de l'imprimerie Loire
Offset Titoulet
Dépôt légal : mai 2012
ISBN : 978-2-7324-4997-5
Imprimé en France